우리 시대 현대시조 100인선 26

걸어다니는 절간

서 벌

태학사

우리 시대 현대시조 100인선 26

걸어다니는 절간

초판 인쇄 2000년 12월 28일 • 초판 발행 2001년 1월 1일 • 지은이 서벌 • 펴낸이 지현구 • 펴낸곳 태학사 • 주소 서울시 서초구 서초2동 1357-42 • 전화 (02) 584-1740(代) • 팩스 (02) 584-1730 • e-mail thaehak4@chollian.net • http://www.thaehak4.com • 등록 제22-1455호

ISBN　89-7626-606-4　04810 • ISBN　89-7626-507-6　(세트)

ⓒ 서벌, 2001
값 5,000원

☞ 저자와 협의하에 인지를 생략합니다.
☞ 파본은 구입한 곳이나 본사에서 바꾸어 드립니다.

서울·2	70
서울·3	71
서울·4	72
서울·5	73
어떤 경영(經營)·서곡	74
어떤 경영(經營)·1	75
어떤 경영(經營)·2	77
어떤 경영(經營)·13	79
어떤 경영(經營)·24	80
어떤 경영(經營)·25	81
어떤 경영(經營)·28	82
어떤 경영(經營)·36	83
어떤 경영(經營)·37	84
어떤 경영(經營)·49	85
어떤 경영(經營)·별곡	87
열세 살 때	88
고산자(古山子)	89
문익점(文益漸)	90
환 남해(喚南海)	92
남안(南岸)의 서(書)	93
수색(水色)에서	94

욕심	95
자물쇠 · 1	96
대낮	97
우산(雨傘)	98
뜻 두고 생각대로 · 1	99
속 사모곡(續思母曲)	102
나날 가고 다달이 가	103

제4부 낚시 심서(心書)

그 동백마을의 조선동박새	107
만리(萬里)도 접으면	108
그 사람의 바다	109
야반(夜半)	110
철쭉꽃	111
연가(戀歌)	112
낚시 심서(心書)	113
부채 · 1	114
부채 · 2	115
흥부가(興夫歌)	117

젊은 시절 정완영 시인(중앙), 김정휴 스님(오른쪽)과 함께(경북 김천 계림사)

김상옥시인과
여주 신륵사 앞에서

박재삼 시인과 함께(뒤에는 윤병로 교수와 박진환 시인) (1993.4.16)

김춘수 시인의 자택에서(1995.12.28)

차례

제1부 밤파도 별곡

고대도(古代島) 13
초겨울 행간(行間) 15
헌책 17
걸어다니는 절간, 그 암소를 노래함 18
전지(全紙)로 하늘이 내려 20
그 사람의 함박눈 22
고개 24
몸에 관하여 26
밤파도 별곡 27
!!! 28
백로(白露) 아침에 달개비꽃이 하는 말 30
가다가 해 나오거든 32
바람 촬영 36
석굴암 관세음 취재 39
해수관음상(海水觀音像) 친견(親見) 노래 40
느낀 가락 여섯 마당 42

제2부 도르래로 푸는 우물 보면서

네 개의 노(櫓) 47
천상병(千祥炳) 혹은 그의 크레이지 배가본드 49
달맞이꽃으로 말하기 51
생각이 기럭떼로 53
산그늘 인화(印畵) 54
도르래로 푸는 우물 보면서 55
별리(別里) 57
강릉·1 58
무지개 59
청미래꽃 60
물새는 물새, 들새는 들새라서 61
노자(老子)를 읽다가 62
산행(山行) 63
강이여, 영산강(榮山江)이여 64

제3부 어떤 경영(經營)

서울·1 69

서울·2	70
서울·3	71
서울·4	72
서울·5	73
어떤 경영(經營)·서곡	74
어떤 경영(經營)·1	75
어떤 경영(經營)·2	77
어떤 경영(經營)·13	79
어떤 경영(經營)·24	80
어떤 경영(經營)·25	81
어떤 경영(經營)·28	82
어떤 경영(經營)·36	83
어떤 경영(經營)·37	84
어떤 경영(經營)·49	85
어떤 경영(經營)·별곡	87
열세 살 때	88
고산자(古山子)	89
문익점(文益漸)	90
환 남해(喚南海)	92
남안(南岸)의 서(書)	93
수색(水色)에서	94

욕심	95
자물쇠 · 1	96
대낮	97
우산(雨傘)	98
뜻 두고 생각대로 · 1	99
속 사모곡(續思母曲)	102
나날 가고 다달이 가	103

제4부 낚시 심서(心書)

그 동백마을의 조선동박새	107
만리(萬里)도 접으면	108
그 사람의 바다	109
야반(夜半)	110
철쭉꽃	111
연가(戀歌)	112
낚시 심서(心書)	113
부채 · 1	114
부채 · 2	115
흥부가(興夫歌)	117

매실(梅實)	119
바람	121

해설 지상과 천상을 동시에 바라보는 시각 · 김만수	123
서벌 연보	137
참고문헌	140

제1부 밤파도 별곡

고대도(古代島)

― 여기는 충남 보령 오천면 삽시도리에 딸린 작고도 외딴섬. 면적 0.82㎢. 저 노자(老子)께서 가끔씩 다녀갈 만한 섬이다.

맨처음 열린 세상
남은 데 보려거든

개킨 마음을 펴
눈 새로 뜨려거든

바람들
제 파도 찾는
이 곳 한번 와리.

무위(無爲)를 닻으로 내린
홀가분한 붙박이 배.

구름 곧잘 실려
생각한 것 가다듬는

이 배엔
총은 아예 없고

상우는 칼이 없다.

햇살, 비, 달물, 별빛
받을 만큼만 받는 여긴

해산물 뭍으러 가
쌀, 과일, 되어 오고

사람도
바닷새들도
그냥스레 살아간다.

초겨울 행간(行間)
– 하구(河口) 보이는 둑에서

윗물이 아랫물 된
그 굽이 이미 지나
들 데, 다 와 가는 녘
벌쓴 아이 이리 섰다.
머리며
지느러미 서껀
못갖추어 받아쓴 벌.

느낌 하나으로
허둥지둥 낸 자국은
안개가 앗았는지
한 자국도 보이잖고
찬 바람
죽비 쳐주시어
쩌르르한 어깻죽지.

이 둑 끝넘는 데서
이를테면 저승일까.

들어, 다시마 되어
이리 일렁 저리 헐렁
그렇게
몸 씻는 것도
그럴듯한 일이겠네.

헌책

널린, 검은 별들이
흰 별
될 때꺼정

제 숨
고스란히
내쉬고 들이쉰다.

갈피가
쪽문들이어서
별빛들만 드나든다.

걸어다니는 절간, 그 암소를 노래함

튼튼한
기둥이 넷
기둥 받친 주추도 넷.

용마루 꿈지럭거려
서까래들
꿈틀꿈틀.

뿔 솟은
추녀 아래엔
연꽃빛 풍경소리.

외길 늘어뜨린
다른 추녀
아래에선

덜 달군 운판(雲版)들이
떨어져

땅바닥 치고

뒤쳐져 한 눈 팔던 암자
음매 하며
달려 온다.

전지(全紙)로 하늘이 내려

진박새 머리 위로 하늘이 내려 온다.
눈부신 닥나무밭 어마하게 가꾸어져
우리가 잠든 사이에
뜬 전지(全紙)
내
려
온
다.

살며시 내리는 동안
햇살 누가 채자(採字)하고
구름이 먹이는 먹물
은윽히도 찍는 전지(全紙).
스치는
바람들의 도련(刀鍊)에
참 온전한 경전(經典)되네.

어김없이 내려 온다, 날이 날마다 전지(全紙)는.

지상(地上) 늘 아침경전 한낮경전 나절가웃경전.
한밤엔
또렷또렷한
별빛 서법(書法) 금강경.

내, 한 마리 새라 친다면 쇠박새쯤 되는 건지.
그조차 못 되는 새 외톨이조(調) 우지짖지.
설령, 내
잘못 찍힌 글자라한들
이리 아직 숨쉰다네.

그 사람의 함박눈

불고 갈 뜻이 없어
바람은
멀리 있고

꿈꾸다가 돌된 듯한
그의 머나먼 하늘.

눈발이 희끗희끗거려 무느어져 내린다.

생각다가
뒤틀다가
거듭거듭 그러다가
에라 모르겠다며
와락 펑펑
펑
펑
와락.

나갈 데, 한 군데도 없는 저녁답이 쏟아진다.

피우자며 일으키곤
곧장 거덜나버린

지난 봄
낙화 천지
부도 낸 그 세상이

말려도, 아무리 말려도 한꺼번에 쏟아진다.

고개

느낌표 물음표가
엇갈리는 가슴 안고
어떻게 나선 건지
버릇처럼 나왔다가
강둑을
오르면서 만난
추위 사뭇 매웁다.

벼락을 맞은 듯한
그 벼랑에 선 소나무.
영하 12도가
저 몸에다 칼질한다.
길손도
턱 덜덜 떨려
오금 펴지 못한다.

잎들이 덮은 솔은
그래도 나무 같다.

다 떨군 버드나무는
그냥 섰는 해골일 뿐
아무런
다른 말 없이
쩔쩔매고 쩔쩔맨다.

그러나, 오겠다는
봄이어서 기다리리.
지금은 눈물조차
떵떵 언 사태여도
한두 번
넘은 것 아닌
그 고개가 이 고개.

몸에 관하여

한번도
답게 한번
눕혀준 적 없었구나.

미안하다 미안하다 내 것인 줄 알았었지.

드디어 눕고 만 네가
끙끙 앓네
네 소리로.

밤파도 별곡

이차돈 숨 거둘 때 솟은 피 뿜는 파도.
업장 어떠하여 멍석말이 되었느냐.
바람들 번갈아 말며 뭇매질 일삼는다.

이 선잠 구석구석도 저 판에 말려 버려
낭자한 영혼의 난파, 밤새내 흰 핏소리.
온 세상 어디라 할 데 없이 대란으로 휩쓸린다.

이튿날 환한 한낮 소금으로 바뀐 파도.
아하, 그렇구나, 끝끝내 와 닿고는
애쓴 일 햇볕에 걸러 하늘에다 보냈네.

!!!

― 하지(夏至) 하루 전날 2000년의 여름 장마가 삼남을 넘어 중부까지 북상했거니와, 이 날 아침 6시에 전국의 병·의원 문이 하나같이 열리지 않았다. 그러기를 꼬박 닷새째, 실제 전쟁보다 더 무서운 대란이었다. 인술(仁術)이란 한갓 허울이었고, 핵무기도 무릎을 꿇어야 할 그 위력에 정부는 있으나마나한 허성(虛城)이었다. 우리 이런 땅에서 살고 있다니…….

상륙한 장마와 함께 발발한 의료대란.
비는 실 못뗀 바늘, 창(槍)으로 둔갑했네.
독버섯 따로 없구려 꼴사나운 홍익(弘益)의 땅.

간밤 오다가 막혀 발길 돌린 별빛들은
어느 저만치에서 혀 끌끌 차는 걸까.
차라리 태풍을 몰아 뒤엎거라 날씨여.

의료진 목숨들은 둘도 넘어 셋인 거냐.
임진란 고비에도 신의(神醫) 허준 계시었고
월남한 장기려 박사 오늘따라 떠오른다.

'우리'가 오발되어 '저희'가 된 이 시대는
인술(仁術)은 오로지 돈, 돈만이 목숨의 저울.

삭발한 의료의 진영 얼마면 풀 것인가.

한밤 끊기는 전류, 에어컨들 때문이리.
삭막 두어뼘 정도 반원(半圓)으로 도려내어
펴 부칠 영혼의 부채로 풀칠해도 마르질 않네.

백로(白露) 아침에 달개비꽃이 하는 말

하늘의 둑이 터져
막 쓸고 싹 쓸더라.

지리산 긴 골짜기
하룻밤 새 그렇게 되고

온 산하
어디라 할 데 없이
속속들이 퍼붓더라.

물천지 뿐인 데도
마실 물 없더구나.

하물며 깔고 덮을
요와 이불 있었겠나.

돈난리, 그보다는 무섭더라
물난리

무섭더라.

크게 저지른 자
몇몇이나 당했을까.

그것 알 수 없어
말할 기력 너무 없네.

넋 잃고
갈피 못 찾는 이들
나의 이 얼굴빛이구나.

가다가 해 나오거든

영하 10도 혹한에도
버린 신문 주위 덮던

서울역 지하의 밤
너의 밤은 이젠 없다.

지금은
얄궂게 젖은
야릇이 남은 밤 뿐…….

큰 도둑 자잘한 도둑
들끓는 도둑 저자.

사기짓 칼질 아예
네 것은 아니었다.

네 가족
있느냐 할 때

씨익 그냥 웃던 너.

어떻게 식었는지
어쨌거나 싸늘해져

뻣뻣이 굳자마자
날아간 12열차.

한가득
무소유(無所有) 채워
한심한 땅 벗었으리.

본역 없었던 너
간이역도 없었던 넋.

훌쩍, 하여튼 가고
비비(悲悲) 밤비 비곡비곡(悲曲悲曲).

못 가눈
가슴을 풀어
수금(水琴) 지금 누가 뜯나.

어머니 얼굴에다
누이 얼굴 겹쳤다며

숨어 핀 달개비꽃
쓰다듬곤 떨리던 너.

연이은
시그널들이
달개비꽃 되어 있네.

모르는 남들은 다
여리다 했었다만

넌 네 어눌한 길

끌 만큼은 끌었었다.

가다가
해 나오거든
세우렴, 네 무지개.

바람 촬영
— IMF 극복 비유

1
바람이 숲에 들어 몸 씻고 있습니다.

나뭇잎 소리들은
끼얹는 물
그겁니다.

막힌 속 후련히 닦아 얼른 벗어납니다.

2
햇발과 나무 그늘
몸싸움
합니다요.

에워싼 햇발에게
맞선 그늘
빠른 방어.

나무가 바람 꾀임에 빠진 줄 아는 그늘.

3
못물에 바람이 와
으아 미끄러집니다.

맨발로 미끄러진 풍씨(風氏)네 그 영혼은

얼결에, 날가지에 걸려
풍경소리
또 냅니다.

4
비선(飛禪)이 천사(天寺)에서 해륙사(海陸寺) 드나들며

동해와 서해 뽑아
무지개
올립니다.

천도할 원귀란 원귀, 끊은 목숨 그들 위해.

5
판소리 명창이 된 상수리숲 보셔요, 좀.

초록 폭포들이
연
신
연
신
쏟아져요.

바람은 명창 소리 돋우는 북 장단이 되구요.

석굴암 관세음 취재

어차피 가고 가는 달 같고 구름 같은
목숨들 눈에 어려 손쓰시는 대자대비.
쑥돌을 고르고 골라 이리저리 나투셨네.

서라벌 천년의 꿈 동해와 속삭이는
그 소리 옷자락에 적시고는 날리면서
저승도 이승 없다면 있을 까닭 없다시네.

그리움 외로움도 때로는 삭풍되어
앙가슴 도려내는 그런 널 있다해도
아련한 한갓진 미소 잃지말라 합시누나.

해수관음상(海水觀音像) 친견(親見) 노래

살 맑힌 바위 한 덩이
호젓이 숨쉬다가
먼 관음 파도 딛고
얼른 와 이끄시어
나토신
불현듯한 입성
하늘 감겨 치렁치렁.

돌인데도 보살의 몸
어찌 저럴 수 있담.
이처럼 중얼거린
동해 연신 연꽃 되네.
저 저기
이 여기 사이에
까닭 깊게 놓였나 봐.

간 구름 오게 하여
귀뜸 하시는 당신.

젖어야 할 풀들 나무들
거들떠보라는 그것.
바다도
목마르고 목마르면
사막되고 만다면서.

이 길손 나그네새
나도 이삭 줍는다.
네 걸레 네가 빨아.
네 먼지 닦으시라네.
산 너머
떨어져 간 해
아침 바다에 뜬다시네.

느낀 가락 여섯 마당

<첫 마당 - 아침 안개>

산 갑자기 사라지고 강 그같게 숨어버려
그 뭣도 남지 않은 이 아침은 못 온 아침.
세상에 이런 아침 있음을 덧칠이 덮어 쓴 덧칠.

<다음 마당 - 통화(通話)>

바람이 부는 까닭 그 뿌리 아는 네게
할 말 만들어 조심스레 보낼 때마다
어떻게 그렇게 잘 알아 척척 받곤 되돌리나.

<다음다음 마당 - 생각>

원수였다고 치자, 소식 끊긴 너와 나.
네가 바위였다면 나는 물 아니면 바람.
아무튼 적시거나 스친 그 일 뭐였겠나.

<마당, 거듭 - 그렇고 또 그런 사이처럼>

비는 나의 어느 옛적 어떻게 운 살이어서
내 이 지금의 살과 잠시나마 다시 만나
그렇고 또 그런 사이처럼 후줄근히 은근한가.

<마당, 거듭거듭 - 오른 산 내려오다가>

죽어봐야 그 죽음 쓴맛인지 단맛인지
알 수 있을 거라는 그대의 어제 그 말.
그처럼 얼른 와 휘감기는 저녁나절 산그늘.

<다시 한 마당 - 젖어 더 막막하지만>

그저 아득하여
무시로 쳐다보는
막막한 이 가슴은
당신께서 만든 비.

비 받아
그냥 젖는다
젖어 더 막막하지만.

제2부 도르래로 푸는 우물 보면서

네 개의 노(櫓)

— 니체의 짜라투스트라는 한 3장 의식에 이렇게 닿다.

1
두 판(板) 열두 시간, 두 그 나루 사이를
이 한 몸 배는 오가며
머나먼 빛 부르는가.
허공의 타작마당에 도리깨 댈 뇌체(雷體)를.

2
고물은 자꾸 밀고
이물은 당기고 당겨
한낮이 아침이 가고, 저녁이 와 닻 내리지.
바람은 밤새내 파도 일궈 거문고 뜯고 있고.

3
정박등 둘러 펼친 어둠은 무극(無極)의 바다.
뱃전을 떠받는 건 재울 길 없는 멀미.
떠돌아 성가시다는
결들 투덜거린다.

4
운명을 깎아지른 낭떠러지 처여하다. 세찬 폭풍우의 주먹은 여전히 돌연히 영혼의 턱을 친다.

그때마다 배는 짐승, 황야에 밀려 울부짖네. 찢기는 돛폭 소리, 부러지는 돛대 소리, 천애(天涯)에 이마 부딪는 소리로 짐승은 자지러지다가 목 아주 잠겨 버려

가슴에
그제서야 뜨이는 그물소리
헛것 죄 사로잡히리.

5
하늘의 옆구리까지 찍어 내는 엑스레이.
드디어 번쩍해 준 찬란한 능력이여.
비로소 네 개의 노(櫓)도 날개되어 오른다.

천상병(千祥炳) 혹은 그의 크레이지 배가본드

떠들썩 떠돈 바람
심하게 분 니그로.

오살할 황사(黃沙)바퀴에
치어 깔린 처참한 바람.

뉘라서
저처럼 무섭도록
시궁창에 들 것인가.

한산(寒山)이 보냈던 그
빤 담배 입심 세어

하늘 안고
바다 품고
한 모금씩 힌 모금씩

빨다가, 쓰디쓴 녘에는

우물 그리
한 모금.

모두 비켜 가려는
멸망 잡아 채었던 그.

이 땅에 소스라치게
감히 세운 그의 멸망.

지금은
그가 마시던
우물 썩어 버렸다.

달맞이꽃으로 말하기

아낀, 갈래갈래 그 만정(萬情) 지키기 위해

뜻이어서, 뽑아 짠다는
다짐이라는
베틀 위해

동녘이
훤할 즈음마다
나를 내 가둡니다.

가누어 그지없는 샛노란 앙가슴 앙금.

이겨
짓이기어
아롱진 노래의 진물.

벽돌로
구워 내면서

금침(金針) 질러 왔습니다.

이 무대, 깜깜한 막간, 뉘 비운 성(城)입니까.

살짝이 덮치며 누른
단독 범행
입술 도둑.

이제 와 잡아떼시겠습니까
당신 월인(月印)
아니라고.

생각이 기럭떼로

생각이 기럭떼로 문득 소스라쳐 오르고
두고 갈 꿈길 아랜 잔물결 일고 있다.
더러는, 띄운 갈잎들
다만 애젖는다네.

멀리 우리들의 시월은 지고 있다.
무장 깊던 가을마음
달이 챙겨서 온다.
그리고, 먼 사람이여
뭔지 나눠 품었으리.

산그늘 인화(印畵)

적막 엉금엉금 등성이 타고 내려
외딴집 뒷방 들창 간신히 두드린다.
여보게 허무 있는가
이러면서
두드린다.

아무런 기척없어 머뭇머뭇 하는 적막.
허허 자네까지 뜨고 없기인가.
이러며
징검다리께로 가는
허리 구부정한 적막.

도르래로 푸는 우물 보면서

시간을 밧줄 둘린
이승이라는 이 도르래.

문득
바람으로
닿으신 손
바삐 놀려

한 목숨
질동이 가득
채워졌단 말입니까.

점직한, 늘 점직한
하루 이틀
사흘 나흘.

이제 이 재고량(在庫量)은
얼마나 되는 건지.

동이가
축낸 그만큼
사뭇 허공 누릅니다.

별리(別里)

하늘의 용마루는 드높아서 아른아른.
구름 머뭇머뭇 기웃기웃 넘어가고
현실은 탕아(蕩兒)로 나가 돌아올 줄 모르네.

볕살 알곡으로 길길이 내려 쌓여
먹일 입과 입 찾는다만 하나 없네.
선생님, 백결(百結)께서 오시어 서성서성거릴 뿐.

암·수 머슴새가 이 골짝 주인 내외(內外).
수컷이 이장(里長)인지 고분고분한 주민인지
것 따져 뭘하느냐는 바람 슬쩍 불고 간다.

강릉 · 1

대관령 넘어가면 바다는 번번한 강.
흰 비단 푸른 비단 겹비단 밀려 닿고
아침이 덩어리 진홍, 해 올려 저릿했다.

곰솔밭 건듯 스친 바람은 연마(戀馬) 갈기.
바위도 피가 뛰어 이리저리 뒹굴었다.
오는 물 잡아채는 모래톱 시접되어 솔기였고.

저물자 천년 전으로 돌이켜지던 하늘.
보름달로 휘영청히 수로부인(水路夫人) 오르시는
그 신발 사뿐사뿐 끄는 데도 일렁일렁 하던 강릉.

무지개

지극히 조심스레
마음씨
가꾸신 분.

그분, 방금 막
세상
버렸나 봐.

하늘님
당신만 아시고는
색동무덤 써 주신다.

청미래꽃

더러운 연놈들이 갈수록 기승 떠는
막된 이 세기말, 단칼에 벨까 쌰앙!
이러는 무지렁이에게
일단 이리
오라는 꽃.

오라 하여 다가서면, 푸르스름한 사투리로
아이고 아재 아닝교 은제 오셨능교.
아재요, 그저 참는기라요
안 그렁교
하는 꽃.

물새는 물새, 들새는 들새라서

물새는 물새라서 물속 뽑아 부리에 꿰어
날마다 기워준다, 이래저래 찢긴 허공을.
제 속이 찢겨 터지면 울음 뽑아 깁으면서.

들새는 들새라서 들에 깔린 허공 걸어
논두렁 밭두렁 짓듯 노래두렁 짓는다.
그 짓이 하늘 땅 제대로 아는 저들의 일이어서.

노자(老子)를 읽다가

연못에 하늘 한 쪽이 가만히 들어와 눕는
오로지 가라앉는 아무것도 집히잖는
느긋한 이 낮 한때를 가랑비는 오고 있다.

두자해도 둘 데 없는 마자해도 말 것 없는
홀로고 홀로만인 속속들이 비어 있는
다 맑힌 이 낮 한때를 가랑비는 오고 온다.

산행(山行)

내운 저자 복판 숨이 막혀 빠져나와
산길 오르누나, 허준(許俊) 선생 탔을 길을.
이런 녈 멧새소리는 약초뿌리 빛깔이다.

오르막 끝까지 올라 내리막 내려다본다.
길은 꼬불꼬불 막히다가 트이면서
목숨줄 저와 같음을 새겨 갖게 하는구나.

아무튼 아직은 내 이처럼 살아 숨쉬고
구름은 꼬리 매단 가오리연으로 떠
신의(神醫)가 살폈을 골짝 놓치잖고 눈여긴다.

비려라, 이 세기말, 독(毒) 잔뜩 오른 가슴들.
유리잔 대질리듯 맞부딪혀 금들 간다.
신의(神醫)여, 산삼처럼 숨은 당신 어서 나타내소서.

강이여, 영산강(榮山江)이여

추월산(秋月山) 뚫고 내려 담양 큰못(潭陽湖) 이룬 몸이
광산·나주·함평·무안 내리내리 손짓하여
때없이 들새 깃치듯 내려오는 영산강.

봄은 늘 강구(江口)로부터 스미고는 번지더라.
못견딜 일이 되어 상류(上流)까지 차오르며
자욱이 안개 일구어 쑥 버물듯 버물더라.

물길에 몰려드는 크고 작은 들길 산길.
하늘길 등에 지고 대륙붕(大陸棚) 잇는 길은
치미는 무엇이어서 때로는 배류(背流) 하나.

어떤 어느 때던가 무수히 진 여린 꽃들.
그 꽃들 뜻빛 갚은 한잎(恨葉)들 우거지고
그 잎빛 뒤척이는 강은 아무래도 낯날이데.

말 잃은 갈대들이 사뭇 허공 휘젓는다.
어쩌지 못할 속굽 우- 우- 휘젓는 소리.

구름도 갑자기 뒤집혀 쏘낙쏘낙 쏟아붓는다.

거둔 목화밭에 달빛 치는 바람의 바디.
그래, 다쳔 씨날 올이긴 올이더란 말이냐.
짠 올올 틈마다 쓰려 천필(千疋)씩 헹구는 강.

영산홍(暎山紅) · 영산자(暎山紫) · 영산백(暎山白) 섞는 노을이
금박(金箔)과 은박(銀箔) 찍는 어스름 껴안는다.
드디어 호젓해지는 사행(蛇行), 미리내로 가는구나.

강이여, 영산강이여, 섣달 그믐밤 눈 오시네.
분노며 미움 죄다 용서하는 체에 걸러
골마다 희디희게 덮었으니 해 분명 새로 뜨겠네.

제3부 어떤 경영(經營)

서울·1

내 오늘
서울에 와
만평(萬坪) 적막을 사다.

안개처럼 가랑비처럼
흩고 막
뿌릴까 보다.

바닥난 호주머니엔
주고 간
벗의 명함…….

서울·2

  종로(鐘路)서 다동(茶洞)서도 정동(貞洞), 계동(桂洞)에서도
  더러운 손은 비틀고 모가지는 달아났다.
  그러나, 이내 접(接) 붙혀져 순(筍)을 내던 모가지.

  톱날 서린 눈알 눈알 서로가 썰어댔다.
  발아래론 쌓이던 원한(寃悍)의 톱밥더미.
  갓설흔 터진 가마니, 어찌 다 퍼담았던가.

  시방도 내 목에선 시궁창의 물소리가
  해으름길 칼을 갈듯 선듯선듯 묻어난다.
  광화문(光化門) 독립문(獨立門) 위에 등(燈)을 다는 눈이여.

서울·3

발에 감긴 밤 하늘이 시려서 우는 저 기러기.

30원이 없었던가
막차 놓친 외기러기.

못가눠
뽑은 외마디
둘 데 찾는 이 기러기.

서울·4
― 뒷날 태어나 들을 손주들에게

밤 통금(通禁) 있었단다, 청주(淸州)와 제주(濟州)만 빼고.

뚝섬 구치장에서
잤단다, 벌금 내고.

휴전선
155마일은
24시간 통금이고.

서울·5

막나간 검은 세단이, 바퀴로 친 진흙탕이

급한 출근 더디게 하네
비닐 우산도 뒤집히네.

내뺀 쇠
삼키고 싶네
불가사리가 되어.

어떤 경영(經營)·서곡
− 가을 논바닥 심상

그대 서마지기 다져 온 혼(魂)의 바다.
스며 썪었느냐 수수 세기(世紀) 비의 뿌리.
지난 철 홍수 때에도 둑 터질까 두려웠네.

베어내고, 베어내고, 베어내는 우리 당대(當代).
아린 물고는 한 시름 놓았다만
낫질이 거둬들인 것은 일할(一割) 정도나 되는가.

바람받는 아늠하며 드러난 살의 가죽은
매운 고추로 잘새들이 물어가고
낱낱이 이삭 주운 구석구석 주검 내려 얼겠네.

어떤 경영(經營)·1

목수가 밀고 있는
속살이
환한 각목(角木).

어느 고전(古典)의 숲에 호젓이 서 있었나.

드러난
생애의 무늬
물젖는듯 선명하네.

어쩌 나는 자꾸, 깎고 썰며 다듬는가.

톱밥
대팻밥이
쌓아가는 적자(赤字)더미.

결국은
곧은 뼈 하나

버려지듯 누웠네.

어떤 경영(經營)·2

우뢰 후려치는 십장(什長)의 현장 고함!
심줄이 철근 된
잡부는 허리 굽지만
도시화
바쁜 속잎들
속속 속속 솟는다.

시멘트가 물고 품은 숱한 모래 자갈들.
굳어 선 암흑의 기둥
숲을 이룰 고층 세계.
대자연
남향(南向)·북향(北向)이
들고는 숨막힌다.

껌껌한 범벅, 어느 부위(部位)에 나는 있나.
혼돈의 산만(散漫)으로
나일 찌디 없앤 것은
쫑잎에

떡잎이 죽는
그, 그, 까닭에서다.

어떤 경영(經營)·13

몸은 천근만근, 안개로 처져 깔리고

벽돌에 짓눌리어
도저히 못 뜨는 눈.

이것이
삶인가 하다가
달동네 길 내려간다.

어떤 경영(經營) · 24
- 가슴에 돌 날아들어

몰려온 비바람만 사뭇 사납던 저녁.
포구 사십 리 온통 뒤집힐 때
손 감싼 가슴 안으로 돌 날아와 박혔느니.

박힌 돌뿌리 여엉 뽑혀나질 안고
비 바람 때도 없이 사납게만 들이닥쳐
갈수록 돌 날아들고 박히고는 쌓였느니.

이제는 한 채 떳집 다 에운 돌담더미.
가누며 내 간신히 돌틈으로 숨쉬느니.
발 아래 파도 때리는 그 소리로 가쁘느니.

어떤 경영(經營) · 25
− 엎질러기만 하다가

이물에 지게 놓고 나뭇단 잔뜩 싣고
물새 울음도 없고 해으름녘 물 가를 때
뭔가를 울컥 엎질러 몸 온통 잠기더라.

쏟힌 너울 속 응어리들 맺혀서는
섬으로 솟아올라 거뭇거뭇 떠돌더라.
여러 해 비우고 가서 고쳐 봐도 그러더라.

가누지만 엎지르고 간데마다 엎질러서
어딜 가나 궂은 물살 가로막는 섬과 섬들.
못참고 또 엎지르다니 잠길 것도 없는데……

어떤 경영 · 28

– 취재(取材)하려고 청주(淸州)에 온 밤, 접동새 소리
  듣다가

아, 들이지르는 솔불빛 너나들이.
뜨내기짓 이제 이쯤 깃접어 거두라시네.
바다는 멀리 누웠고 가뭇없어 숨찬 산.

날 새면 선잠자리 깔고 올 아침 안개.
가슴 는개는 우련 아련 다 적시리.
내쳐진 어인 일들로 이리 부들일까요.

솥적당 솥적다새 못걸어본 한 솥씩을
새는 울지만 밤가람 말 없지만
살별이 분홍 가슴을 더 저며 가른다오.

어떤 경영 · 36
– 우마니 나루에서 돌도끼 줍고서

여주(驪州) 강기슭을, 강물의 한나절을
햇살로 한껏 지고 물소리로 가는 사내.
한 손엔 신석기 시대, 금간 시대 쥐어졌고…….

나루는 몸을 틀어 마을 가는 길을 내어
머슴새 쑥빛 울음 그 소리 엮는 거냐.
갑자기 돌이 되는 사내, 목에 노을 걸었다.

어떤 경영 · 37
— 노자(老子)의 안개

큰 하나 밀짚모자 눌러쓰곤 수염 날리는
저 알 수 없는 마음의 갈피 안에
다만당 나는 들면서 뭐가 뭔지 모르겠네.

모를 일 안다하면 난 벌써 당신이리.
더러 당신 되길 애쓴 참도 많았으나
이 아침 그저 강둑길 듬성듬성 딛고갈 뿐…….

강물이 강물 아니고 산도 산 아닌 지금
해 나면 당신 마음 어디론지 가 숨으리.
숨긴 맘 더 못두겠다 할 때 지금처럼 자욱하리.

어떤 경영 · 49
— 날망에서 본 하룻밤

1. 실직(失職)의 밤

누가 숨어 앉아 낮 내내 차일(遮日) 짰어.
머리칼 한 올 한 올 팔방으로부터 뽑아
참으로 틈없게 짜서 덮어씌워 밤일레.

2. 별빛

꽃 이울듯 날 저물어 보리밭은 가뭇없고
우짖는 노고지리로 날고 있는 딴세상 꿈.
떠올라 수(繡)놓여 놓여 저리 으리아리리.

3. 달

꿈사발 4천 개 쯤 포갬포갬 포개다가
심술난 몹쓸 바람 와그르르 무느어서
밑바닥 딱 하나 남은 그거 울어 뜨는 달.

4. 바람

무작한 손이 쳐서 모가지만 남은 바람.
가지 가지 바꿔가며 흔들흔들 매달리다가
생연탄(生煉炭) 3천5백 장 벼랑마다 쏟는다.

어떤 경영(經營)·별곡

앓는 바다, 그 가슴에 몸 반(半)을 파묻은 섬.
맥(脈)과 맥(脈) 이어놓고 뜻과 뜻 포갠 산(山)들.
누굴까, 이처럼 수륙(水陸)으로 편집(編輯)해 낸 그이는.

행간(行間) 골목길을 드나드는 사계(四季) 위로
누군지 날마다 와 환히 대장(臺狀)을 본다.
그러나 끝내 재교(再校)로만 넘어가고마는 세계.

아무래도 나는 벽자(僻字), 아니면 오식(誤植)이리.
무리를 써 가며 용케도 버티지만
선 자리, 아니 설 자리를 노려보는 핀셋이여.

열세 살 때

장날 어른들 틈에 나뭇짐 지고 갈 때
장터 어귀 제재소 앞 잠깐 쉬고자들 할 때
나무에 드는 톱날에 희누름히 내리던 쌀.

수북히 쌓여오른 톱밥은 쌀이더라.
허어연 밥되고자 몇 가마니나 되더라.
뛰어가 식구 모두 다 불러오고 싶더라.

하늘은 쌀만 널린 크나큰 멍석이고
산과 산 쌀섬으로 사방 새로 두르더라.
내 그만 어질어질하여 곤두박고 말았었지.

고산자(古山子)

걸었다, 앉고 누워서도 더터 더터왔다.
생애(生涯)를 삼줄로 찢어 벗기고 뽑으며
돌아와 백모(白毛)를 쓸면서 정혈(精血)에 칼 갈았다.

열두 솟을겹담 꽝꽝 닫아 건 문중(門中).
짓이겨진 시대(時代) 시위는 부러졌어도
신시(神市)의 푸른 물결로 과녁 다듬던 손.

무시로 피의 씨날 얽고 파 나갔다.
뒤틀린 산하(山河)의 뼈 추스려 앉힐 즈음
무작한 돌이 날아와 대동(大東)은 자빠졌다.

냉수도 활활 타는 싸리꽃 꽃빛 원통.
끝내 오백 년(五百年)도 바스라진 각판(刻版)이었다.
오늘은 어느 눈벌에 앉아 메투리 고쳐매는가.

문익점(文益漸)

그해 그 묵정밭에는
달도 홑옷이던
달.

산(山)자락 이끌면서
품고 온 소매 속엔

훔친 씨
피닳이한 넋
새 눈물이 숨었었지.

사방(四方)에 달밭
화안히 난류(暖流)를 펼쳐

밭밭마단
아낙들
동심원(同心圓)한 달무리.

천지(天地)의 가로세로를
피워 따고
뽑아 짰었네.

환 남해(喚南海)

눈 감자 인왕(仁旺)까지 차올라오는 남해(南海).
솔씨에 물린 그늘처럼 내 안 깊이 잠겼던
유년(幼年)의 작은 결들이 아내 치마에도 뛰네.

녹다가 엉기다가 굳어서는 솟았으리.
칠순(七旬) 홀어머니 새아씨쩍 저 꿈 한섬.
물새가 섬 콧등에 앉아 동백(冬柏) 꽃빛 쪼개고.

날이면 날마다를 까무라치고 되모이는
소금이, 소금에 꽂혀 반짝이는 햇살이
갯벌에, 찰진 바닥에 금강경(金剛經) 저며 넣네.

남안(南岸)의 서(書)

임이여, 동백(冬柏)밭이던 우리 그 남안(南岸) 시절
하늘 아래 둘일 수 없는 사랑만이 이불되고
빈 목을 난류(暖流)가 감아 가난에도 따뜻했지.

전생(前生)서도 우리 둘은 못떨어진 하나 연안(沿岸).
그쩍도 그대는 뭍, 나는 물결이 되어
때없이 간절코 간절키만 해 달겨들고 부댔겼지.

시방은 우는 갈매기 나래 아랫짬인가.
어디에도 둘 데 없던 그때 그 우리살.
산란한 마음의 안방 잠 밑자리 파도여.

잃은, 수많은 꿈의, 낱낱의 날들을 다
어디가서 되찾을꼬, 켕기면 챙겨보는
그 미련 하나 때문에 먼 너울 울려오네.

수색(水色)에서

연꽃이 벙글면서
열어 제낀 하늘 한복판.

미만(彌滿)한 고요를 갈라
새벽 뱃길 돛을 달면

희비(喜悲)로 전율하는 바람
바람 아래 놓인 세상.

슬픈 마음의 올을 뽑아
천지(天地)의 일을 짜던

그 꽃잎 겹겹 안에
지난날을 고여놓고

찾다가 깜박 잃어버린
골목길을 새로 낸다.

욕심

밤이 실어오는 꿈 깊은 못 속에는
우리 둘 푸른 풀빛 아직은 일렁이고
부비다 어디론지 가 새로 눕고 싶구나.

그리움의 저자에는 참 많고도 고운 생각.
풋풋한 그 과일들, 그 싱싱한 난장판을
그대는 이고 나르고 나는 받아 쟁였지.

무심코 부채 접듯 말문 이제 닫아걸고
구름 끄는 하늘 열어 두 눈에 별을 달아
물밑도 물밑 마알간 한세상 한 번만 더.

자물쇠 · 1

뭍과 바다를 맞물려 걸어 놓고
스스로 열리기를, 열려날 무한(無限)이기를
참참히 지키는 속을 누가 와서 따던가.

깔린 삼천대천(三千大千)의 그믐밤을 두루 뭉쳐
지상(地上) 처음 사람의 가장 깊은 잠을 품고
제 목을 제가 조이며 주검을 비트는 너.

문득 한 지뢰(地雷)처럼 터져날 몸이기까지
넌 카오스의 턱주가리, 앙다물고만 있네.
녹슬은 신(神)의 시간을 바람에다 껍질 벗기며.

대낮

수천의 떼나비가 무리 무리 몰려들어
제 살, 제 피, 제 뼈를 일시에 뜯어내고
처참히 성한 구석만 생피붙어 먹구나.

모래톱 티눈에서 기어나와 작살나는
벗은, 헐벗은 설흔, 그 몸안 끊긴 쇠사닥.
시간의 푸른 손톱엔 비린 벼랑 피가 지고.

벼랑 아랜 다시 한 해 뒤틀다가 죽는 물살
난데없이 천만(千萬) 갈래 살이 갈아터지고
바람은 맨발로 한껏 숯의 뼈를 칼질한다.

톱날에 얹힌 대륙(大陸), 낙뢰(落雷)가 쏟아진다.
그 부시고 부신 비늘 시새움의 난장 한켠
마침내 새하늘 깎는 대패소리 번쩍이네.

우산(雨傘)

하늘과는 배향(背向)한 손, 물구나무로 뜬 손이
오늘은 문지방을 넘어 나가며
그 하늘 펼쳐 들었네, 둘러 쓰고 흔들리네.

찔러 받친 기둥은 불과 서너 뼘이지만
잠적(潛跡)턴 벌거숭이를 마구 드러냈지만
얹힌 건 한이파리의 시원(始源), 아니 좌악 편 손.

몇 만 리(萬里)나 도렸는가, 햇살의 면돗(面刀)날.
그 아픔 비로 내려 찢긴 반도(半島)를 깁고
살빛을, 삐아쁘라의 굵은 살빛을 나는 당겨 썼느니.

아, 떠올리누나, 누군가가 내 안에서.
오뇌(懊惱)의 원주(圓柱)에 물린 평생의 하늘을.
폈다간 오물고 펴고 또 오무는 되풀이를.

뜻 두고 생각대로·1

거울 속 날새들이 한참도 쉬지않고
청람(靑藍)빛 영혼(靈魂)으로 해안선을 긋고 난다.
날면서 몇 모금 쯤의 선악(善惡)도 떨구운다.

한창 변각(䫻刻)을 우는
사월(四月) 어느날 꾀꼬리.

우기(雨期)를 털어내고
타는 반나절도 벗고

신산수(新山水)
어린 갈매물로
생금(生金)을 씻고 있다.

인생 팔분의 일(八分之一)이
화창한 사월 상순(四月上旬).

사월 상순 한나절을

아랫도리 벗은 나무.

나무는
나무 그리운
시늉을 떨고 있다.

풀잎이 쓰는 초서(草書), 휘어지는 필사(必死)의 획(劃).
나는 앓고 있다 미칠듯, 한 점(點)으로.
저녁이 이슬에 물려 뿌리 안을 내린다.

매실(梅實) 꼬옥 한 알
손에 얹은 고만한 생각.

껍질 안 살 속깊이
아픔은 타고 있다.

스물과
서른의 사이

안되는 뜻을 탄다.

잎새가 부대끼던 바람도 끊어지고
기고만장(氣高萬丈)하던 스물의 율(律)도 죽고
그늘진 물주름으로 서운서운(瑞雲瑞雲)한 운(韻).

잣씨만한 내력(來歷)으로 죽음을 심어놓고
AD 이천년대(貳千年代) 한개 돌로 굳을 사람.
구비진 환원(還元)위로
흰바람
잡아 채네.

속 사모곡(續思母曲)

고성(固城)장터 생어물(生魚物)로 청춘 다 판(賣) 울 엄매야.
독주(毒酒)로 처져 앉은 아버지 패망 때문에
모반은 늘 몇 천 원어치 눈물 피땀이던가.

눈만 뜨면 못산다고 벼랑치던 우뢰소리.
사는길 지름길이 그다지도 천리던가.
무서운 그 울부짖음 뉘 산(山) 메아리 됐노.

시방도 고성(固城)장터 이(齒) 다 빠진 울 엄매는
다닥다닥 생선(生鮮) 몇 손 천금(千金)으로 담아 이고
다 못헬 밀물결 안개 가명오명 울먹이리.

나날 가고 다달이 가

잎보담 꽃 먼저 난 남설악(南雪嶽) 만리화(萬里花)야.
네 꿈짓 모아 담고 돌아온 달 산창(山窓)에 들어
갔지만, 두고두고 이쁜 사람 금섬(金島)으로 뜬단다.

늦사월, 아니 오월, 나절의 볕 눈부실 땐
우린 맞바래기 건넛산 서로 되고
온 몸에 신바람 돌아 끓고 끓던 신록의 피.

나란히 여낙낙히 마을 멀리 숨어 앉아
무슨 말 꼭히 없어도 서로가 확인되던,
그러나 못갖춘 마디여서 하나 되진 못한 서로.

잎 욱자 꽃 이우는 내설악(內雪嶽) 만리화야.
나날에 다달이 가 먼 바다 끝섬같은
이제는 아무래도 주마등(走馬燈), 으밀아밀 가물가물.

제4부 낚시 심서(心書)

그 동백마을의 조선동박새

볕 쏟는 지저귐은 잎눈 되고 꽃눈 된다.

그 조선동박새
하늘 갈피 뒤적여서

낮과 밤 바뀌어지고 사투리로 오는 바람.

키운 꿈 몸살 일어 숯불 지핀 동백마을.

숯불에 익힌 생각
먼 바다가 가지고 나가

그 바다 주름주름을 새는 끌고 끌며 날고.

만리(萬里)도 접으면

호접(蝴蝶)이 깃을 접듯 그렇게 접은 내맘.
청산(靑山) 솔숲에나 다소곳이 숨겨놓고
오솔길 하나 낸다면 너 오려나, 먼 사람아.

어느 밤엔 달숲으로 내가슴에 일렁인 그대.
물무늬로 저려 돌던 그 파다한 잎잎 가지를
못견딜 그대 밀어(密語)로 다 새기면 지던 달.

먼 사람아, 목마르게 우리 서로 그려만샇다가
창천(蒼天) 별되랴, 강변(江邊) 은모래 되랴.
만리(萬里)도 접으면 한장 호접(蝴蝶) 깃의 거린데……

그 사람의 바다

영산홍(映山紅) 그늘 먹은
그 사람의 바다에는
전생(前生)부터 쩌려 있던
갈매기 소금울음.
댕기빛
숨긴 말씀을
반달이 물고 있데.

야반(夜半)

배꽃같은 사투리가 상금도 귀에 연연한
그 사람 그리는 맘 섭 리(十里) 풀밭만 같고
밑 모를 세월 깊숙히 보슬비가 내립니다.

우리 내왕(來往)의 만 리, 이승과 저승길엔
강상(江上)을 간 달처럼 서러운 이름으로
두셋 잎 하이얀 기약(期約) 피고 지고, 지고 날고…….

청산 위엔 반쪽 구름, 내가슴엔 반(半) 남은 꿈.
혼자 생각 혼자 겨워 잠 안오는 이 밤 가면
천지는 또 맷돌이 되어 남풍 북풍(南風 北風) 다 갈[磨]
겠네.

철쭉꽃

설움도 한 잎 두 잎 산나물로 알고 캐며
오두막 지켜 도는 늦은 봄 내 누이야.
네 가슴 구비구비를 철쭉꽃만 왜 피나.

솔바람
솔바람에
여울물 앓는 나날.

벗고 헐벗었는데
「오매 또 숭년(凶年)드네」

누이야
네 치마폭에
뚝뚝 지는 철쭉꽃.

연가(戀歌)

아내여, 우리 방은 한알의 봉숭아 속.
그 안의 너와 나는 희디흰 두 알 씨앗.
은하수 푸른 구비로 떠밀려 내려간다.

그대 영적(靈寂)의 숨결, 저승서도 나의 신부.
내원(內園) 꽃보라 속 내내 우리 봄의 내외(內外).
얼얼이 아롱지다가 새벽녘은 젖는구나.

낚시 심서(心書)

냇가에 나와 앉아 낚시를 드린 날은
하늘도 한가득히 못으로 고여 내려
임생각 올올한 갈래 몇 천 가닥 낚시인가.

불현듯 찌가 떨어
잡아 채는 잠깐 사이
비늘빛 눈앞 가려
아득한 천지간을…….
임이여
그렇게 들면
내 마음은 대바구니.

저승도 내 먼저 가 설레는 물무늬로
이제나 저제나 하며 이리 앉아 기다리리.
그윽히 꽃수레 몰아 목넘어 올 그때까지.

부채 · 1

괴로워 접히우고 더욱 아파 펴도 보는
그대 그 앓는 나날 무너지는 뭍과 바다.
하늘을 손바닥으로 도려내어 부쳐댄다.

시다워서 소리죽는 여울이고 하루일까.
일어난 바람 한 자락 떨어지는 더위 한 가닥.
가난도 그리 떼려면 뉘라 세상 울고가랴.

오직 하나 생각 문득 불로 치솟아서
밤하늘을 누벼나간 은하수인듯 주렴(珠簾)인듯
그대 그 반원(半圓)을 제껴 가슴에다 펼친다.

부채 · 2

혼자, 혼자서만
엮은 설흔의 뼈.

주검을 펼쳐 든다
생시(生時)의 작은 반원(半圓)을.

불같이
살이 울어서
검은 물결이 인다.

꼬리별이 스쳐 간다
연사(戀絲)의 실오라기.

이웃 싸움과 다한(多恨)을
먹으로 칠까, 채필(彩筆)할까.

죽여도
통 안 죽어주는

슬픈 바람인 우리.

가슴엔 영원(永遠) 둘린
구십구금(九拾九金) 순금 반지.

서로를 갈라 품고
꿈에서도 꿈 쪼개는

무수한 필생(畢生)의 바람과
한 생사(生死)가
엇갈린다.

흥부가(興夫歌)

하늘도 이젠 맑밝아
한(恨)은 몇 마지기이며
갈고 파 뒤벼내야
바란 것 다 못자리 되나.
소작(小作)한 목숨 한뙈기
속살만 짙무르네.

어린제비, 집짓는 제비
주둥이에 물린 흙뻘.
한줌 그 욕심에서
괄디괄다 터졌는가.
눈물이 그은 구만리(九萬里)
앞뒷마을 미릿내여.

마음 마름질로
마디 마디 마무렸으니
만경(萬頃) 만삭(滿朔)한 벌에
만석(萬石)으로 잴(積)것인가.

가슴은 가장(家長) 가슴은
가마솥에 와 타네.

매실(梅實)

하늘과 땅 사이에 바람 뿐이었는데
한 꿈이 용케 용케 뒤안 깊이 파고 든 뒤,
흙 품안 보료에 싸여
움을 내고
볕을 본 뒤—

제비 새끼 노란 부리, 고 연한 부리같은
속잎 벌려 밤별 먹고 몰래 몰래 키가 큰 뒤,
봉오리
그 아픈 생각
쪼개고 초롱 켠 뒤—

뻐꾹 우는 한철은 그냥 잠잠타 싶으더니,
짙어오는 청산 숲에 눈 좀 파는 듯 하더니,
어느날
아아 어느날
도드라져 나온 한 알.

포르쪽쪽 물이 돌며 도돔하게 탐져오며
내모래면 제법 철든 말솜씨 되리라고
새끼손
그같은 가지에서
뿜을 뽑아 간들대네.

바람

스무나무 날가지에 걸려 노는 어린 바람
살이 품어 일깨운 목숨의 노고지리 떼가
난길로 따라와서는 하늘목을 돌고 있다.

피 도는 피리소리 댓살일사 천만(千萬) 갈래.
가르고 다듬어서 강(江)빛에다 저렸을레.
챙겨 온 율(律) 한 바구니 차마 버릴 수 없어.

[해설] 지상과 천상을 동시에 바라보는 시각
- 서벌 시조의 의미 -

김 만 수
문학평론가, 인하대 교수

1

에즈라 파운드(Ezra Pound)는 한문에 능하여 중국 고전을 많이 번역했으며, 중국 한시와 일본의 하이꾸(俳句)에서 많은 영감을 얻은 시인으로 알려져 있다. 그의 대표작 「지하철 정거장에서」는 이러한 성향을 잘 보여준다.

> 군중들 사이에서 유령처럼 나타난 이 얼굴들,
> 까맣게 젖은 나뭇가지 위의 꽃잎들.

파운드는 단 두행으로 되어 있는 이 작품의 창작 동기를 이렇게 설명하고 있다. "3년 전에 나는 파리의 라 꽁뜨르에서 지하철을 내려가다 갑자기 한 아름다운 얼굴, 그리고 또 다른 얼굴, 그리고 또 다른 얼굴, 그리고 한 아름다운 어린아이의 얼굴, 그리고 또 다른 아름다운 부인을 보면서, 그날 종일 그 인상을 표현하려고 애썼으나 그 돌연한 감정만큼 가치 있고 아름다운 말을 찾을 수 없었다. (…중략…) 나는 30행의 시 한 편을 썼지만 그것을 찢어 버린 것은 그것이 소위 '강렬도 제2위'의 작품이었기 때문이다. 6개월 후에 그 반 정도의 시로 고쳤고, 1년 후에 2행의 짧은 시로 만들었다." 그는 이 시에서 '얼굴들'과 '꽃잎들'의 대립이 빚어내는 묘한 효과를 제시하고 있다. 두 행 사이의 선명한 대립이 빚어내는 대구법(對句法)이라든지, 시 속에서 시인의 감정을 철저하게 배제하는 수법은 한시에서 배워온 것으로 볼 수 있겠는데, 한시나 하이꾸의 이러한 기법이 서구 이미지즘의 형성에 큰 영향을 미쳤다는 점은 참으로 기억할 만한 사건이다.

위의 시는 간단해 보이면서도 실상은 그렇지 않다. 지하철에서 쏟아져 나오는 사람들의 선명한 인상을 '유령처럼(apparition)'이라고 표현한 것은 그들의 신선하고 아름다운 인상과 어느 면에서는 상통하지만, 어느 면에서는 어긋나는 것으로도 보인다. '까맣게 젖은 나뭇가지 위의 꽃잎들'의 의미도 마찬가지다. 까맣게 젖은 꽃잎들은 그 자체로 아름다운 것이지만, 어찌 보면 곧 떨어져 썩어 버릴 듯한 것, 즉 생명의 유한함에 대한 경고처럼 들리기도 한다. 이런 불안한 의식으로 위의 시를 읽게 되면, 분답한 지하철에서 쏟아져 나오는 사람들의 건강한 일상과 환하게 핀

꽃의 대비가 주는 긍정적인 분위기뿐만 아니라, 저토록 열심히 살아가는 사람들의 뒤켠에도 마치 연약한 꽃잎이 결국에는 차가운 비바람에 쌓여 까맣게 죽어가는 것처럼 어두운 죽음의 그림자가 도사려 있다는 쪽으로도 비약된다. 우리는 위의 시에서 삶의 환희와 절망의식을 함께 읽어낼 수 있다. 이러한 의미의 이중성이 곧 이미지즘이 지닌 매력이자, 고도의 시적 긴장을 가진 시들의 매력일 것이다.

그러나 필자가 지금 말하고자 하는 시조에는 이러한 매력적인 긴장이 적다. 잘 살펴보면, 시조는 '선경후정(先景後情)'의 안정감에 바탕을 두고 있다. 먼저, 초장과 중장에서는 자아 바깥의 사물이 먼저 묘사된다. 그리고 종장에 이르러서 이러한 선경(先景)에서 촉발된 시적 자아의 정서가 표출된다. 즉 시인의 눈과 머리 속에서 얻어진 선경(先景)이 차츰 시인의 가슴으로 전이되어 후정(後情)을 낳는 것이다. 이러한 구조는 대단히 안정적이다. 그리고 외부의 충격을 자아화하여 얻어지는 이러한 정서의 표출방식은 자연합일의 정신에서 표출된 것으로 보인다. 자연은 늘 자아의 외부에 존재하지만, 시조의 종장 3자에 의해, 시인의 가슴 속에 더운 감탄사('어즈버, 아해야' 등등을 생각해보라)를 불러일으키고, 드디어 선경과 후정은 하나가 되는 것이다.

(가)
오백년 도읍지를 필마로 도라드니,

7산천은 의구<H54209>되 인걸은 간 듸 없다.
　　어즈버 태평연월이 꿈이런가 <H54209>노라. (길재)
　　(나)
　　천만리 머<H37825>먼 길에 고흔 님 여희압고
　　내 마음 둘 듸 없어 냇가에 안<&07751>시니
　　져 물도 내 안과 갓틔여 우러 밤길 예놋다 (왕방연)

　에즈라 파운드의 시에서 볼 수 있듯, 생략과 긴장을 장기로 삼는 현대시에서는 감정의 절제를 내세운다. 그러나 우리의 전통시조들에는 감정이 개입되어야만 시적인 안정감을 낳는다.
　위의 두 시조의 종장을 생략해보자. 어찌 보면, 시의 느낌과 긴장은 그대로 남아 있는 것으로 보인다. (가)에서는 이미 '오백년 도읍지'의 웅장함과 '필마'의 초라함이 대비되어 있고, '의구한 산천'과 없어진 '인걸'이 대비되어 있다. 또 (나)에서는 서로 떨어져 있는 '고운 님'과 '나'의 외로움이 '천만리 머나먼 길'을 무상하게 흘러가는 냇물의 모습을 배경으로 잘 대비되어 있다. 그러므로 종장은 이미 사족에 불과한 지도 모른다.
　아마 현대의 시인들은 사족과도 같은 종장을 생략함으로써, 시적인 긴장과 함축을 얻어내려고 할지 모른다. (가)의 종장은 '태평연월의 꿈'이라는 금언이 추가되어 있고, (나)의 종장은 천만리 머나먼 길을 흘러가는 냇물의 무상

한 흐름을 '냇물이 나처럼 울며 밤길을 흘러가고 있다'는 표현으로 다시 반복하고 있다. 그리고 이러한 종장은 얼마든지 생략 가능하다. 그러나 시조의 세계는 이러한 엄격한 감정의 절제보다, 대상과 함께 하는 시적 자아의 모습을 함께 제시하는 편이다. 다시 말하자면, 시조는 감정의 절제와 고도의 압축미에 입각하기보다는, 자연과 자아의 일체감을 종장에 제시함으로써 정서적인 균형을 획득하는 장치에 입각하고 있다는 게 필자의 생각이다. 그리고 이러한 정서적인 균형감이 그야말로 5백년 이상 시조가 우리들의 사랑을 받을 수 있는 근거라고 생각한다. 세계문학사 전체를 통틀어보더라도, 한 문학양식이 5백년 이상 유지 존속된 것은 시조밖에 없다는 찬사는 시조의 이러한 균형감과 대중성에서 비롯된 것으로 보아도 된다(시조가 자연과 인간의 균형감에 입각하고 있다는 것, 그리고 이러한 균형감이 곧 시조의 대중성을 낳는다는 것, 이러한 점에 대해서는 보다 본격적인 성찰이 필요하리라고 본다).

2

짧은 시간에 서벌 시인의 시조를 읽어보았다. 필자가 앞에서 말한 바에 따르자면, 서벌 시인의 어떤 시조는 선경후정의 안정감을 그대로 간직하고 있었고, 또 한편으로는 이러한 안정감에서 멀리 떨어진 곳에 있기도 했다. 그러니까 필자가 앞에서 말한, 시조의 안정성은 서벌 시인에 이르러서 그 일부가 유지되고 그 일부는 깨지고 있었다. 그것은 아마도 현대시조가 처한 불행한 위치이자, 또 비약이 가능한 행복한 지점이기도 할 것이다.

예컨대 시조「가야금」은 전통적인 선경후정에 입각하고 있다.

> 너 운다 너누룩히 바람은 듣고 있다.
> 말 못할 자리일수록 말이 막 솟아올라, 솟아올라도
> 참으로 말할 수 없는 그것 몰고 있는 강물
>
> 임이라면 임이여 너, 한바다 어느 웅숭깊은 데로 틀고 갔길래 천리 바깥꺼정 그 소리 오는가
> 몸 둘 데 없는 바깥 떠돌다가 떠돌다가
> 뜨는 달 그 되어 와도 고자누룩히 안을 운다.

반면「구름 세상」은 다르다. 현대적인 위트가 깔려 있는 이 시조의 구성법은 사뭇 이중적이다.

> 아기 구름 업으셨네 저기 저 엄마 구름.
> 하늘의 시골 장터 물건들도 모두 구름.
> 솜사탕 노을에 젖는 구름 골목 나도 가요.

'엄마 구름'이 '아기 구름'을 업고 간다는 초장의 분위

기는 사뭇 동화적이다. 그러나 중장의 '하늘의 시골 장터'는, 종장의 '노을에 젖은 구름 골목'과 만나면서 곧 지상의 시골 장터와 겹쳐진다. 해지기 전에 빨리 물건을 사서 집에 돌아가야 하는 엄마와 아기의 모습이 그 골목길을 허청허청 걷고 있는 시적 화자의 모습과 겹쳐지면서, 동화적인 환상에서 벗어나 우리가 몸담고 있는 현실로 재빨리 귀환하는 것이다. '구름'은 볼 수 있되 만질 수 없는 것. 구름은 볼 수 있고 만질 수 있는 현실계에 속할 수 없으며, 볼 수도 없고 만질 수도 없는 천상계에 속할 수도 없는 것. 그 '구름'을 쫓는 시적 자아의 외로운 고투가 눈에 잡힐 듯, 선명하게 그려져 있는 것이다. 돌이켜 보면, 시인은 늘 두 개의 눈을 가지고 있다. 현실에 속해 있으면서도 하늘을 바라보고, 하늘을 공상하면서도 현실 속에서 살아가야 하는 법. '구름'이야말로 시인이, 아니 우리 모두가 소유하고 싶되 정작 얻을 수 없는 어떤 것 아닐까. 「구름 세상」은 이러한 욕망에 들린 삶의 부박함을 잘 보여주고 있는 바, 이는 현대인의 복잡다단한 삶의 이면과도 상통하는 것이다.

 필자는 서벌 시인의 시조 중에서 전통적인 어법과 소재에 의존하고 있는 전자보다는, 현대의 생활감각을 바탕으로 한 후자의 양상을 주목해 보았다. 거기에는 현대시조의 가능성이 담겨 있기 때문이다. 「일월화수목금토」라는 제목을 달고 있는 단형시조를 하나 예로 들자.

저 하늘 감싼 단벌, 채운 단추가 일곱
날마다 하나씩 끌러 겨우 속옷 비칠 쯤엔
어느새 다 감그고는 다시 보라 하느니.

여기에는 일상의 물리적 시간이 '속옷'의 환상과 잘 대립되어 있다. 우리는 분절된 물리적 시간 속에 얽매어 살아가면서도 '저 하늘'을 향한, 형언하기 힘든 그리움을 지니고 있는 법. 시인은 이러한 반복적인 삶에서도 놓칠 수 없는 '저 하늘'에 대한 그리움을 '어느새'라는 종장에 잡아두고 있는 것으로 보인다.

큰 한 밀짚모자 눌러쓰고 수염 날리는
저 알 수 없는 마음의 갈피 안에
다만당 나는 들면서 뭐가 뭔지 모르겠네.

모를 일 안다하면 난 벌써 그대이리.
더러 그대고자 애쓴 참도 많았다만
이 아침 그저 강뚝만 듬성 듬성 딛는다네.

강물이 강물 아니고 산도 산 아닌 지금
해나면 그대 마음 또 어디론지 가 숨어
숨긴 일 더 못 두겠다 할 때 오늘 이같게 하리.

― 「노자(老子)의 안개」

꿈과 현실의 경계를 넘어서는 노자의 전복적인 세계관을 안개의 모호함과 연결시킨 이 시조는 '저 알 수 없는 마음의 갈피'를 '밀짚모자' 속에 감춘 은자의 삶을 표현하고 있다. 이 또한 '너'와 '나' 사이의 불편한 경계를 고심하는 현대인의 모습에 방불하기에 그 나름의 현대성을 담고 있다.

이러한 현대성은 서벌 시조시인의 두 번째 시조시집 『각목집』(금강출판사, 1991)에서 이미 잘 드러난 바 있다. 이 시집에는 전통적인 시조와 현대적인 시조의 모습이 뒤섞여 있는 바, 특히 제1부를 이루는 「본적지의 돌」에서는 생활감각에서 출발한 현대시조의 모습이 잘 드러나 있다. 시인은 삶을 '경영(經營)'이라 했다. 씨를 뿌리고 거두는 것이 '경영'이거니와, 그 경영을 바라보는 시인의 시각에는 현대인의 허망한 삶에 대한 아픈 통찰로 가득 차 있다.

> 목수가 밀고 있는/ 속살이/ 환한 각목(角木).//
> 어느 고전(古典)의 숲에 호젓이 서 있었나.//
> 드러난/ 생애(生涯)의 무늬/ 물젖는 듯 선명하네.//
> 어째 나는 자꾸 깎고 썰며 다듬는가.//
> 톱밥/ 대팻밥이/ 쌓아가는 적자(赤字)더미.//
> 결국은/ 곧은 뼈 하나/ 버려지듯 누웠네.
>
> ― 「어떤 경영(經營)·1」

목수는 '속살이 환한 각목' 하나 만들기 위해 정진한다. 그러나 이는 시인의 마음에 이르러 각목을 깎는 게 아니라 다름아닌 '나' 자신을 깎고 있다는 아픔으로 바뀐다. 이 또한 현대사회에서 시인이 처한 위치를 말해주는 것. 보들레르가 「알바트로스」에서 자신을 '천상에서 위배된, 귀공자와도 같은 알바트로스(信天翁)'에 비유했고, 서정주가 「자화상」에서 자신을 '죄인'과 '천치'에 비유했던 것처럼, 시인은 자신의 시적 여정이 결국 자신을 깎아 '톱밥 대팻밥이 쌓아가는 적자(赤字)더미'로 만들고 마는 것임을 깨달을 때, 과연 시는 무엇을 할 수 있을 것인가. 서벌 시인은 그 아픔의 세계를 직시하면서, 그 속에 지켜내야 할 시조로서의 품성을 생각하고 있는 듯하다.

'껍질 죄죄 벗어버려/ 되반(半)이나/ 겨우 되나// 그나마 가물어서 쭉정이 된 내 나날아'(「쌀」), '베어내고, 베어내고, 베어내는 우리 당대(當代)./ 아린 물고는 한 시름 놓았다만/ 낫질이 거둬들인 것은 일할(一割) 정도나 되는가'(「어떤 경영(經營)·서곡」) 등에서 보이는 아픔이 그것이거니와, 시인은 이를 감내하기 위한 정진의 자세를 포기하지 않는다. 예컨대 대동여지도를 완성한 고산자 김정호의 삶을 기리는 시조에서 '냉수도 활활 타는 싸리꽃 꽃빛 원통./ 끝내 오백 년(五百年)도 바스라진 각판(刻版)이었다/ 오늘은 어느 눈벌에 앉아 메투리 고쳐매는가'(「고산자(古山子)」)에서 이러한 시인의 정신을 엿볼 수 있다.

시는 시인이 만들어낸 제작품의 일종이어서, 시인의 인격과 관련없이 존재하는 하나의 사회현상이기도 하거니와, 때로는 시인 자신을 있는 그대로 드러내는, 때로는 시인의 불철저한 인생을 스스로 다잡는 무기이기도 하다. 서벌 시인의 시조에는 이러한 인간의 자세가 잘 투영되어 있어, 시조를 읽고 즐기는 자들이 누릴 수 있는, 인간적인 가르침이 배어 있는 듯하다. 그가 현대시조를 개척하는 입점에서 있으면서도, 결국 전통시조가 지니는 선경후정, 혹은 자연합일의 세계관을 지향하고 있는 점은 결국 시조라는 문학양식의 장점이 무엇인가에 대해 다시 한번 생각하게 만든다.

3

일제시대의 한국 영화에는 변사가 등장한다. 변사는 활동사진의 여백을 설명하는 역할을 맡고 있어, 당대에는 변사라는 호칭보다는 '영화 해설가'라는 명칭으로 불려졌다. 한국영화의 전문가들은 그들이야말로 한국영화의 발전을 가로막은 장본인이라고 혹평하고 있다.

필자도 기본적으로 그러한 시각에 동의할 때가 많지만, 또 고쳐 생각해보면 그들의 존재가 그리 혹평을 받아서는 안 된다고 생각할 때도 많다. 어쨌든 그들은 대중들이 영화에 접하도록 이끌었고, 또 한국영화는 변사들의 폭발적인 인기에 편승해 성장한 일면도 있다. 더욱더 중요한 점은, 이들 변사들이 스크린과 관객 사이에 놓여 있는 '벽'을 허물었다는 점이다. 우리의 관객들은 은막 위에 비쳐진 영화적 현실을 '자아화'하려는 강한 의지가 있었던 것은 아닐까. 이것이 바로 한국적인 온정의 발로이자, 무대와 객석 사이의 차가운 벽을 넘을 수 있는 하나의 가능성이기도 했던 것. 필자는 변사들이 영화적인 문법을 깨뜨리고 매사에 설명을 보태는 식의 영화를 반복했다 해도, 그들이 바로 한국적 정서를 밑바탕으로 삼고 있으며, 여기에 일말의 가능성도 있다고 보는 편이다. 끼어들지 않고서는 못 배기는 품성이야말로 한국적 신명의 밑바탕이었기 때문.

변사들이 영화에 끼어들듯, 시조 시인들은 자연의 세계에 뛰어들어 이들을 자기의 삶의 원천으로 삼았던 것. 여기에는 자연을 단순한 대상으로 바라보는 차가움이 없다. 필자는 시조가 종이 위에 적힌 딱딱한 문학이 아니라, 자연을 벗삼아 이웃을 벗삼아 유장한 리듬으로 음송되던, 저 옛날의 시조를 상기해본다. 시조는 분명 현대시의 난해하고 논리적인 시의 수사학에 의존하고 있지는 않다. 여기에는 흥겨운 노래의 가락이, 그리고 시조창과 자연과 이웃이 어울려진 신명의 한바탕이 자리잡고 있다. 그리고 여기에는 현대시를 분석하는 방법들, 예를 들어 시적 긴장이나 아이러니가 틈입할 여지가 없다. 시조가 대중들로부터 사랑받고, 또 삶에서 유리되지 않기 위해서는 이러한 조건이 지켜져야 한다.

서벌 시인의 시조에는 이러한 시조의 자연스러운 리듬 감각과 생활감각이 유지되고 있어, 자연스럽고 편안하다. 마치 품이 넓은 우리의 전통 옷이 주는 여유 같은 것이 그의 시조에는 살아 있다. 그가 현대사회에 매스를 가할 때조차도 그런 여유가 있어 보이는데, 필자는 여기에서 이런 질문에 처하게 된다. 그의 시조가 주는 편안함은 서벌 시인 자체의 인간적 품성에서 나오는 것일까. 아니면 시조라는 장르 자체가 그런 편암함의 공간을 만들어주고 있는가. 답변은 미루어둘 수밖에 없다.

서벌 연보

1939년 경남 고성군 영현면 봉발리 바루절 (발촌(鉢村)) 출생 (본명 서봉섭(徐鳳燮)·본관 달성(達城)).
1945년 8·15광복 직후 외가(外家)있는 마을(고성읍 수남리 남포(南浦) 갯가)로 이사하여 청소년기까지 살았음.
1957년 고성읍 벗들과 함께 등사판 동인지 『갈매기』를 내었음. (이때부터 본격적인 문학 습작을 하게 됨).
1959년 시전문지 『신시학(新詩學)』 5월호에 박남수(朴南秀)·고원(高遠) 두 분의 심사로 「연구작품」 2편이 뽑혀 시인이 될 것을 결심하게 되었음. 이 해 가을 진주개천예술제 한글시 백일장에서 장원 없는 차상으로 입상하였고, 이듬해 마산 문화제 한글시 백일장에서 장원 입상하였음. (이 무렵부터 김춘수·이경순·설창수·김수돈·정진업·이 석·문덕수 시인들을 찾아다니며 고견 습득하였음)
1960년 고성의 벗들과 함께 『기수문학(旗手文學)』을 냄.
1961년 리태극(李泰極) 교수의 서문을 받아 습작시조집 『하늘색 일요일』을 새글사판으로 내었고, 그것으로 『시조문학』지 1회 추천이라는 인정을 받았음. (이때부터 서벌(徐伐)이라는 필명을 쓰게 되었음.)
1962년 박천(朴泉)·백신설(白新雪)과 함께 3인 시집 『어제와 오늘과 내일과』를 새글사판으로 내었음.

1963년 「연가」·「가을은」 2편이 『시조문학(時調文學)』지에 2회 추천 작품으로 뽑혔음.
1964년 「관등사」로 『시조문학(時調文學)』지에 3회 추천 완료됨. 그리고 이 해에 한국시조작가협회가 창립되어 창립회원이 되었음.
1965년 공보부 공모 제4회 신인예술상 문학부 시조부문에 「낚시심서(心書)」가 수석 당선되었음. (이 해에 마산(馬山)에서 서벌(徐伐)시조화전(時調畫殿)을 열어 김교한(金敎漢)·김춘랑(金春朗)·이금갑(李金甲) 시인들과 시조동인지 『율(律)』의 창간을 논의하였고, 다시 박재두(朴在斗)·김호길(金虎吉) 시인과 상의하여 주재 창간하였음.)
1967년 보충역으로 있다가 뒤늦게 입대하게 됨.
1970년 제대하여 잡역 노동판을 전전하다가 대한약사회 기관지 약사공론사에 편집기자로 입사함.
1971년 한국시조작가협회 총무가 됨.
         시조집 『각목집』을 냄.
         시동인지 『시법(詩法)』에 참여했음.
1975년 독립운동사 편찬위원회로 직장 옮김.
1977년 사설시조집 『서벌사설』을 친필로 20부 만듦.
1979년 『독서신문』 편집부장을 잠시 하였음.
1980년 이래 직장없이 살아왔음.
1982년 제3회 정운시조상 수상.
1989년 제1회 한국시조시협상 수상.
1991년 사설시조집 『휘파람새나무에 휘파람으로 부는 바람』을 냄.
1992년 중앙일보 시조대상(본상) 수상.

1993년 남명문학상(본상) 수상.
        한국문인협회 이사, 국제펜클럽 한국본부 이사·한국시
        조시인협회 부회장 등 역임.
        기타 이론서·해설서 등이 있음.
현재   월간『조선문학』·계간『시와 수필』편집위원.

참고문헌

문덕수, 「서벌과 낭승만」, 『현대문학』, 1970. 10월호
오규원, 「현대시조 20인집, 그 정점」, 『현대시학』, 1971. 8월호
이근배, 「사설시조 부활」, 『76 문예연감』, 문예진흥원, 1977. 4.
이우종, 『현대시조의 이해』, 국제출판사, 1981. 3.
정완영, 『시조창작법』, 중앙일보사, 1981.
이우걸, 『현대시조의 쟁점』, 나라, 1984. 8.
이숭원, 「내면세계의 외부적 투영」, 『서정시의 힘과 아름다움』, 도서출판 새미, 1997. 6.
장순하, 「형상화의 요술」, 『현대문학』, 1994. 3.
이상옥, 『역류하는 시학』, 보고사, 1996. 9.
김제현, 『현대시조 평설』, 경기대 연구 교류처, 1997. 7.
이지엽, 「내면 풍경과 본질 읽어내기」, 『열린시조』, 1997. 겨울호.
이상옥, 『아름다운 상처의 시학』, 국학자료원, 1999. 10.